LE SOURD,

OU
L'AUBERGE PLEINE;

COMÉDIE

EN TROIS ACTES ET EN PROSE.

Par le Citoyen DESFORGES.

NOUVELLE ÉDITION

Corrigée et augmentée d'après les bons mots des Citoyens BATISTE et BRUNET.

Représentée à Paris, pour la première fois, sur le théâtre de la Montansier, en 1790; au théâtre de la République, en l'an II; reprise sur le théâtre de la Montansier, l'an VI.

A PARIS,

Chez BARBA, Libraire, au Magasin des pièces de théâtre, au petit Dunkerque, près le Pont-Neuf.

AN SEPTIÈME.

PERSONNAGES,	ACTEURS,
DORBE, capitaine de dragons.	Amil. / Cretu.
SAINT-FIRMIN, même uniforme.	Durand. / Alexandre.
DANIÈRES, promis à Joséphine.	Batiste cadet. / Brunet.
DOLIBAN, bon bourgeois.	Gontier. / Perlet.
JOSÉPHINE DORBE, amante.	Montgautier. / Decroix.
ISIDORE, amante de Saint-Firmin, sœur de Dorbe.	Bonet. / Dumas.
MAD. LEGRAS, maîtresse de l'Auberge.	Ferrière. / Barroyer.
PÉTRONILLE, servante d'auberge.	Gavaudan. / Caumont.
Un palefrenier.	Fabre. / Hugot.
Un commissionnaire.	Petitain. / Bisson.

La Scène se passe à Avignon.

LE SOURD,

OU L'AUBERGE PLEINE,

COMEDIE.

ACTE I.

Le théâtre représente un salon commun de l'auberge; à droite des spectateurs est le comptoir de madame Legras; à gauche, Doliban et Danières occupés à faire un cent de piquet.

SCENE PREMIERE.

DANIERES, DOLIBAN, Mad. LEGRAS.

DANIERES.

Ah! ça, mais je dis, beau-père, ça n'arrive pas c'te jeunesse, et voilà qu'il se fait tard au moins?

DOLIBAN.

Vous êtes bien pressé, mon gendre, je les attends aujourd'hui pour sûr; ainsi, une heure plutôt, une heure plus tard, cela ne fait rien, il y en a encore trois mortelles d'ici à souper.... Ah! ah! quinte, quatorze de rois et le point.

DANIERES.

Un moment, un moment. Je ne suis pas capot, j'ai l'as de carreau. (*il la montre.*)

DOLIBAN.

Voilà votre femme qui arrive, vous le serez de reste, mon ami.

DANIERES.

Comment! les femmes font donc leurs maris capots?

DOLIBAN.
Cela arrive quelquefois.
DANIERES.
Oui, ah! c'est ben drôle ça : mais il y a un moyen pour ne pas l'être.
DOLIBAN.
Lequel? vous seriez b'en malin si vous l'aviez deviné.
DANIERES.
Il est pourtant tout simple, il n'y a qu'à ne pas jouer au piquet avec elles.
DOLIBAN.
Savez-vous bien, mon gendre, que vous avez de l'esprit?
DANIERES.
De l'esprit? plus gros que moi ; eh bien! personne ne veut le croire, et cela, par jalousie de mon voyage à Paris, qui m'a formé prodigieusement? car, si vous m'aviez vu avant, j'étois bête à faire plaisir.
DOLIBAN.
Mais à présent, vous êtes bien changé.
DANIERES.
Changé! du tout au tout, au point que je ne me reconnois pas moi-même? en société je vous décoche un joli petit canembourge.
DOLIBAN.
Calembourg, vous voulez dire?
DANIERES.
Calem... ah! ah! calem.... oh! calembourg ou canembourge, on entend toujours bien ce que l'on veut dire.
DOLIBAN.
Cela veut dire que cela ne dit rien. Enfin, c'est à Paris que vous avez gagné tout cet esprit-là?
DANIERES.
Oui, beau-père : mon voyage de Paris me coûte cher, je suis sûr que pour trois mois, il me revient.... oh! oui, je suis sûr qu'il me revient à plus de mille écus. Aussi, quand j'ai vu que je gagnois de l'esprit d'un côté, et que je perdois mon argent de l'autre ; j'ai dit, voilà assez d'esprit maintenant. mais on n'a jamais assez d'argent ; disposons le papa Doliban à me donner sa fille en mariage, et je dis, allons faire la nôce dans mon pays. Ce qui est

dit est fait ; vous êtes venu voir le local, joli, n'est-ce pas ? non, je vous le demande, est-il joli ?

DOLIBAN.

Il faut bien que je l'aie trouvé tel, puisque j'ai écrit à ma fille de partir sur-le-champ, avec sa bonne amie pour venir voir la nouvelle terre que je viens d'acquérir dans votre voisinage, près de la fontaine de Vaucluse.

DANIERES.

Comment ? vous ne lui avez donc pas dit qu'il s'agissoit de son mariage avec moi ?

DOLIBAN.

Non.

DANIERES.

Pourquoi donc ça, monsieur ? falloit lui dire, falloit lui dire.

DOLIBAN.

J'ai voulu lui ménager le plaisir de la surprise.

DANIERES.

Oh! le bon père qui pense à tout : elle est charmante au moins, et ce sera la perle du comtat, quoique nos fillettes ici elles ne sont pas mal : tiens, je dis nos fillettes, je ne suis pas d'ici, je suis, moi, original de Champagne ; mais comme tout mon bien est ici, je me crois impatronisé dans le canton à cause de cela.

DOLIBAN.

Tenez, je commence comme vous à m'impatienter, le jour tombe ; laissons là notre jeu et allons au-devant de ces dames ?

DANIERES.

Ah! j'avois là une quinte-major superbe. Voilà comme vous êtes, vous vous en allez toujours quand j'ai beau jeu. (*il plie les cartes et les met dans sa poche.*)

DOLIBAN.

Madame, dès que les deux personnes que j'ai désignées arriveront, vous voudrez bien les placer comme nous en sommes convenus.

Mad. LEGRAS.

Monsieur, je n'ai plus que deux chambres, et personne ne les aura qu'elles ; leurs noms, afin de ne pas confondre ?

LE SOURD,

DOLIBAN.

Joséphine Doliban, et Isidore Dorbe.

Mad. LEGRAS.

Voilà qui est en règle. (*Elle appelle.*) Pétronille?

SCÈNE II.

LES MÊMES, PÉTRONILLE.

PÉTRONILLE.

Madame!

Mad. LEGRAS.

Les numéros dix-neuf et vingt, pour ces deux dames qui vont arriver. (*Pétronille sort comme pour prendre les clefs et rentre.*) Ces messieurs vont faire un tour?

DANIÈRES.

Oui, madame, sur le pont d'Avignon.

Mad. LEGRAS.

Il vous sera difficile d'aller jusqu'au bout.

DANIÈRES.

Bon! parce que le pont est cassé par-ci par-là? et à la nage donc; moi, tel que vous me voyez; je nage comme le poisson dans l'eau, je vais à brasse, je fais la planche, le coup de talon : oh! je suis fort. Ah! madame Legras, un fier souper au moins; nous serons quatre, six francs par tête. (*il se retourne du côté de Doliban.*) Six francs par tête; le beau-père voit que je sais très-joliment les choses, parce qu'enfin, pour six francs on peut bien... sûrement. (*il rêve un moment.*) Qu'est-ce que je veux donc dire, ah! Pétronille, tu mettras le couvert dans la chambre vis-à-vis celle où je dois coucher, et j'aurai soin de toi. (*il lui prend le menton.*)

PÉTRONILLE.

Tout comme il vous plaira, monsieur, je ferai mon devoir, il ne tiendra qu'à vous de faire le vôtre.

DANIÈRES.

Non je dis, avons-nous de l'esprit ici? jusqu'aux servantes, c'est charmant, j'aime cela moi. Allons nous promener, beau-père. (*il va jusqu'au fond de la scène.*)

COMÉDIE.

DOLIBAN.

C'est un sot homme que monsieur mon gendre; j'ai été un peu vite, mais patience. (*il sort.*)

DANIÈRES, (*revenant parler à Madame Legras, et après plusieurs gestes, il lui dit haut.*)

Vous entendez bien, vous n'oublierez pas ce que je vous dis, parce que ces dames peuvent avoir besoin, on ne sait pas en route. (*En se retournant.*) Pas vrai; Eh bien! papa, papa, vous voyez bien que vous vous trompez. A gauche, à gauche. (*il sort.*)

SCENE III.

PETRONILLE, Mad. LEGRAS.

PETRONILLE.

Ah! mon dieu, madame, je ne sais pas si je me trompe, mais cela fait une lourde bête que ce monsieur Danières, et je plains d'avance la femme qu'il aura.

Mad. LEGRAS.

Tu n'y entends rien, ma fille, il est bête et riche, c'est un trésor pour une femme qu'un mari comme cela. Ah! ça, parlons peu et parlons bien : souviens-toi, mon enfant, qu'il n'y a plus de place ici pour aucun voyageur; et pour or ou pour argent; que l'on ne reçoive plus personne que ces deux dames. Je sors. (*elle va pour sortir, St-Firmin entre, qui l'arrête et Pétronille sort.*)

SCENE IV.

St.-FIRMIN, Mad. LEGRAS.

St.-FIRMIN.

Souffrez que je vous arrête, belle dame; vous êtes sans doute la maîtresse de cette auberge?

Mad. LEGRAS.

Oui, monsieur. Qu'y a-t-il pour votre service?

St.-FIRMIN.

Deux lits, s'il est possible, un pour mon ami et un pour moi.

Mad. LEGRAS.

Cela n'est pas possible, monsieur, ma maison est pleine au point que je serai peut-être obligée de veiller moi-même pour céder ma chambre à quelqu'un.

St.-FIRMIN.

Si le sort tombe sur moi, il ne faudra pas vous déranger, madame.

Mad. LEGRAS.

Monsieur est militaire, on le voit; mais il dit les choses si joliment qu'on ne peut ni ne doit s'en fâcher.

St.-FIRMIN.

Fâcher les dames? les aimer, les défendre en cas de besoin, toujours; les offenser, jamais; rire modestement quelquefois avec elles, ce sont mes principes. Eh bien! cela me vaudra-t-il un lit à moi, et un à mon ami?

Mad. LEGRAS.

Monsieur, votre ami est-il aussi dans les mêmes principes?

St.-FIRMIN.

Exactement.

Mad. LEGRAS.

Eh bien, vous êtes charmant tous deux, à juger de lui par vous : et je crois que vous n'aurez de lit chez moi ni l'un ni l'autre.

St.-FIRMIN.

Absolument?

Mad. LEGRAS.

Absolument. Vous savez le proverbe : à l'impossible nul n'est tenu; mais je vois deux dames qui viennent de descendre, je cours au-devant d'elles. (*elle le salue et sort.*)

SCENE V.

St.-FIRMIN, seul.

Ce sont elles. Dorbe sera au désespoir, quand il saura qu'il ne peut pas loger ici; nous devançons ces dames sur la route : c'est ici le lieu du rendez-vous? le point de ralliement, et pas moyen d'y loger. Il faut pourtant aller retrouver Dorbe, que j'ai laissé chez mon oncle et où nous coucherons cette nuit, faute de mieux. Comme ces dames sont long-tems à débarquer leurs paquets; quel attirail, grand dieu, que celui d'une femme qui voyage! tâchons qu'elles ne me voient pas sortir. (*il sort.*)

SCENE VI.
JOSÉPHINE, Mad. LEGRAS, ISIDORE, PÉTRONILLE.

Mad. LEGRAS.

Pétronille? voyez donc s'il y a quelqu'un dans le salon, ces dames ne sont pas faites pour attendre. (*Pétronille traverse le théâtre.*) Vos noms, mesdames, sont comme vous avez bien voulu me les dire?

JOSEPHINE.

Joséphine Doliban.

ISIDORE.

Isidore Dorbe.

Mad. LEGRAS.

Cela suffit, c'est vous que j'attendois; et ma maison est fermée à présent.

JOSEPHINE.

Comment donc cela, madame?

Mad. LEGRAS.

C'est que tout est plein, et que je suis toujours obligée à mon grand regret, de renvoyer du monde; témoin un jeune homme, tout-à-l'heure, un jeune homme très-aimable que je n'ai pu loger.

ISIDORE.

C'est peut-être lui, ah quel dommage!

PÉTRONILLE.

Ces dames peuvent passer dans la salle, tout est prêt.

Madame Legras sort avec Pétronille qui rentre un instant après, suivie d'un valet d'écurie qui porte les paquets de Joséphine et d'Isidore dans leurs chambres. Le valet repasse.

SCÈNE VII.

JOSÉPHINE, ISIDORE.

JOSÉPHINE.

Que veux-tu dire, mon amie, c'est peut-être lui. Ah! ils pensent bien à nous tous les deux. Mon père m'ordonne de partir pour le Comtat avec ma tante; ma tante est malade et me donne mon amie pour compagne de voyage; de l'aveu de mon père nous le disons à ces messieurs, nous partons, et depuis ce tems-là point de nouvelles.

ISIDORE.

Enfant que tu es, quand nous avons quitté pour jamais ce cher couvent, où nous nous aimions tant, où nous nous ennuyions tant, où mon frère venoit à son grand regret te voir si rarement, où St.-Firmin, son ami et mon amant ne l'accompagnoit pas toujours; qu'avoient à faire ces deux braves chevaliers? nous devancer et se taire.

JOSÉPHINE.

L'ont-ils fait?

ISIDORE.

Oui; as-tu remarqué avec quels soins, quels égards nous avons été traitées et servies dans les auberges?

JOSÉPHINE.

Oui.

ISIDORE.

C'est qu'ils étoient là.

JOSÉPHINE.

Mais où sont-ils à présent.

ISIDORE.

Pas loin.

JOSÉPHINE.

Que me veut mon père? me pardonnes-tu de relire sa lettre dernière? il écrit laconiquement mon père.

ISIDORE.

Tant mieux, c'est rare.

JOSÉPHINE.

» Ma fille, j'ai la terre en question, j'ai fait dans ce pays

» ci de fort bonnes affaires. Tu y es pour quelque chose, et
» je t'y attends avec ta bonne amie qui en est justement, et
» qui suppléera à la tante puisqu'elle est malade. »

Je suis ton père, DOLIBAN.

P. S. Pars au plus vite.

ISIDORE.

Tu y es pour quelque chose, voilà ce qui t'embarrasse,
n'est-ce pas ? c'est pourtant bien simple.

JOSEPHINE.

Comment donc ?

ISIDORE.

Cela veut dire que ton père t'attend pour te faire donation de la terre qu'il vient d'acheter, à condition que tu épouseras mon frère.

JOSEPHINE.

A condition que j'épouserai ton frère qu'il ne connoît seulement pas, et moi-même je ne l'ai vu qu'au couvent, où il venoit quelquefois nous rendre visite.

ISIDORE.

Tu as raison, je ne m'en souvenois plus.

SCÈNE VIII.

PÉTRONILLE, JOSEPHINE, ISIDORE.

PÉTRONILLE.

Mesdames, j'ai porté vos paquets, marqués à vos noms, Joséphine, Isidore, dans vos deux chambres ; elles sont voisines, numéros dix-neuf et vingt ; quand ces dames voudront, elles monteront chez elles.

JOSEPHINE.

Tout-à-l'heure, mon enfant.

PÉTRONILLE.

Vous êtes bien gracieuse, madame ; je reçois toujours de bon cœur, quand c'est de bon cœur qu'on me donne.

ISIDORE.

Voilà une brave fille : tenez, ma bonne amie.

PÉTRONILLE.

Allez, mesdames, les honnêtes gens en trouvent, et soyez sûres que vous serez bien servies.

SCENE IX.

JOSÉPHINE, ISIDORE, UN COMMISSIONNAIRE.

LE COMMISSIONNAIRE.

N'y a-t-il pas quelqu'un ici qu'on appelle Joséphine?

JOSEPHINE.

C'est moi.

LE COMMISSIONNAIRE.

Eh bien, mademoiselle Joséphine, voilà pour vous.

JOSEPHINE.

De quelle part?

LE COMMISSIONNAIRE.

Ça ne se dit pas, ça se lit.

JOSEPHINE.

Mais dois-je?

ISIDORE.

Ne fais donc pas l'enfant; donne.

JOSEPHIEE.

Etes-vous payé, mon ami?

LE COMMISSIONNAIRE.

Oh! oui, madame, par celui qui envoie le billet; mais non pas par celle qui le reçoit.

JOSEPHINE.

Etes-vous content?

LE COMMISSIONNAIRE.

Puissiez-vous l'être autant que moi!

SCENE X.

JOSEPHINE, ISIDORE.

JOSEPHINE.

Voyons ce que dit la lettre.

ISIDORE.

« Il est ordonné au nom de l'amour, de tout voir, de
» tout entendre, et de ne rien dire, pas le moindre sgne
» de surprise; on saura le mot ». Je m'y perds!

COMÉDIE.

JOSEPHINE.
Voyons l'écriture.

ISIDORE.
Contrefaite. Il y a quelque chose là-dessous; mais mon cœur me dit que l'explication et l'énigme sera agréable. Quelqu'un va venir sans doute, allons nous préparer pour le souper.

JOSEPHINE.
Je te suis.

ISIDORE.
Numéros dix-neuf et vingt, cela ne sera pas difficile à trouver.

SCENE XI.
PETRONILLE.
Ces dames sont charmantes, et je cours leur porter de la lumière.

SCENE XII.
DOLIBAN, DANIERES, Mad. LEGRAS.

DANIERES.
Eh bien! madame Legras, et le souper?

Mad. LEGRAS.
Tout à l'heure, monsieur; vos dames sont arrivées.

DANIERES.
Ah! ces dames sont arrivées.

DOLIBAN.
Je vous disois bien qu'elles arriveroient aujourd'hui, et nous les aurions rencontrées, sans vos remparts que vous trouvez superbes.

DANIERES.
Non, je dis, ils ne sont pas beaux les remparts d'Avignon, c'est bien les plus jolis petits remparts....

DOLIBAN.
Oui, je conviens qu'ils sont fort beaux; mais ç'auroit encore été plus beau, si nous avions été au-devant de ces dames.

DANIERES.
Ah! vous avez raison, beau-père, la tendresse maternelle, on la sent, allons trouver ces dames.

SCENE XIII.

Mad. LEGRAS, DORBE; un PALEFRENIER.

Mad. LEGRAS.

Allons, déterminément, riche ou non, voilà ce qui s'appelle un sot homme, et si l'une de ces deux dames est assez malheureuse pour... (*Elle voit Dorbe.*) Mais que veut ce monsieur qui s'assied près de la cheminée sans rien dire à personne? monsieur, qu'y a-t-il pour votre service?

DORBE.

Jamais, madame, cela ne vaut rien, et puis d'ailleurs ne vous dérangez pas.

Mad. LEGRAS.

Monsieur voudroit peut-être loger ici?

DORBE.

Comment il n'y est pas encore, ici, je l'attends.

Mad. LEGRAS.

Qui, monsieur?

DORBE.

Oui, madame, je suis bien aise de savoir qu'il sera dans une bonne auberge.

Mad. LEGRAS.

Mais qu'est-ce qu'il me chante donc ce monsieur-là; est-il fou?

LE PALEFRENIER.

Non madame, il n'est que sourd; mais il l'est... Bref
Nani madamo, nes qué sourd, maï les ah les... Bref
enfin, il descend de son cheval, et il me le donne à conduire
enfin, descendé de son chivano, et mi le donne à conduire
dans l'écurie. Je lui dis qu'il n'y a point de place à l'écurie
din l'estable. Ion li disi que nadges de plaço a l'estable
pour son cheval, ni pour lui à l'auberge, comme vous me
per son chivano, ni per eo a l'auberdge, comme madamo mi
l'avez ordonné, savez-vous bien ce qu'il me répond? que son
va burdonna, sabes ce che mi responde? que son
cheval est une belle bête, qu'il faut que j'en aie bien soin; j'ai
chivano est uno belle besti que faou que nagni ben soin; ai
beau crier, il n'entend pas mes raisons. Cependant il me donne
beau crida, entende pas reson. Cependant mi donne

COMÉDIE.

vingt-quatre sols sans se gêner, et il se met à courir,
ving.-quatre sans sen sidgena, puis se mete à courré comme un
en me laissant son cheval sur les bras. Il a bien fallu que je
tron et mi laisse son chivano sur les bras. A ben fougu que li
trouve une place à cette pauvre bête, et je suis venu vous
troubi uno placo à na chela la novro besti, es nous vengu vous
conter tout cela, afin que vous voyez ce que vous avez à faire.
conta tout aco, afin que vegessica ce qu'aves a faire.

Mad. LEGRAS.

Eh bien! tout est vu, il ne peut pas loger ici; il n'y a point
de place; quant à son cheval, s'il ne gêne pas, il n'y a qu'à
le laisser, il viendra le prendre où il l'a mis.

LE PALEFRENIER.

Il ne gêne pas du tout, madame, c'est une belle bête en
Dgainé pas du tout, madamo, ces uno belle besti en
vérité, j'en aurai soin; vous, madame, chargez-vous du maître.
verita, n'aurai soin; vous, madamo cargo vous dun mestré.

SCENE XIV.

DORBE, Mad. LEGRAS.

Mad. LEGRAS.

Il est là comme chez lui; quel dommage, il a l'air d'un
honnête homme : tâchons pourtant de lui faire entendre
que je ne peux pas le loger : monsieur, je suis bien mortifiée....

DORBE.

Pas tant, madame, il a fait fort beau aujourd'hui, je vous
assure.

Mad. LEGRAS.

Je ne puis pas vous loger.

DORBE.

Heim... Ah! oui, madame, j'ai trouvé le chemin superbe
pour voyager.

Mad. LEGRAS.

Quelle réponse, il me parle beau tems quand je lui parle
pluie. Voyons encore une fois; monsieur, je suis au désespoir...

DORBE.

Heim.... Ah! et moi aussi madame, cela fait un magnifique coup-d'œil; j'ai été fort étonné en arrivant ici, dame, c'est la première fois.

Mad. LEGRAS.

Il n'y a pas moyen d'y tenir; après tout, laissons-le là, près de cette cheminée, il n'y fait pas grand mal.

SCENE XV.

DANIERES, DORBE, Mad. LEGRAS.

DANIERES.

Eh! bien, madame Legras, vous qui êtes si douce, si serviable, si agréable, est-ce que vous ne nous faites pas servir à souper?

Mad. LEGRAS.

Un moment, monsieur, vous êtes bien pressé aussi, un jour où j'ai tant de monde.

DANIERES.

Ah! pauvre femme, plaignez-vous, c'est de l'argent qui vous arrive, n'est-ce pas?

Mad. LEGRAS.

C'est de l'argent que l'on paie bien cher, par la peine que l'on a à le gagner. Pétronille, servez donc ces dames.

(Pétronille entre.)

DANIERES.

Allons donc, m'amzelle, faites donc ce que l'on vous commande.

PÉTRONILLE.

Eh bien, tout-à-l'heure, monsieur.

DANIERES.

Elle raisonne, elle raisonne, je n'aime pas cela, et ça me donne beaucoup d'humeur... Savez-vous bien, Mad. Legras, qu'elle est charmante ma future!

Mad. LEGRAS.

Votre future! où donc est-elle? je ne la connois pas.

DANIERES.

Ah! bah! vous ne la connoissez pas, c'est l'une de ces deux demoiselles qui viennent d'arriver.

Mad. LEGRAS.

Eh! quelle est l'heureuse personne?

DANIERES.

DANIERES.
L'heureuse personne! ah! c'est bien le mot. C'est la plus jolie, c'est la plus jolie.
Mad. LEGRAS.
Ah! c'est la plus jolie?
DANIERES.
Oui, oui, oui, oui, oui.
Mad. LEGRAS.
Elles m'ont paru aussi aimables l'une que l'autre.
DANIERES.
Oh! sûrement, elles sont fort aimables toutes deux; mais voyez-vous, mad. Legras, quand on aime bien quelqu'un, comme moi par exemple, on sent là un certain tictac, là, vous entendez bien?
Mad. LEGRAS.
Non, monsieur, je n'entends pas.
DANIERES.
C'est le mot qui m'échappe,... une préférence. Et puis moi je ne connois pas l'autre, je n'aime que les gens que je connois, voilà pourquoi je veux vous embrasser.
Mad. LEGRAS.
Doucement, monsieur; si vous aimez toutes les femmes, moi, je n'aime pas tous les hommes; il y en a même qui, à eux seuls, dégoûteroient de l'espèce.
DANIERES.
L'espèce humaine, pas vrai. (*Il rit aux éclats.*) C'est bien l'espèce la plus.... sûrement. Au fait, c'est Joséphine Doliban que j'aime, et ce sera chez vous que je ferai la noce, parce que dans mon château on ne fait pas si bien la cuisine que chez vous; et je paierai, vous serez contente, en or ou argent, moi, ça m'est égal.
Mad. LEGRAS.
J'en ai vu dans ma vie; mais de pareils, jamais.
PÉTRONILLE.
Monsieur, vous êtes servi, et ces deux dames vous attendent avec l'autre monsieur, pour leur donner la main.
DANIERES.
C'est bon, j'y vais; sans adieu, madame Legras, vous êtes une ingrate; mais c'est égal, je vous aime, et quand j'aurai de l'argent à manger ce sera toujours chez vous que je viendrai

de préférence. Entendez-vous, belle indifférente, comme il est joli le mot, je m'en souviendrai, parce que quand je voudrai faire ma cour à ma petite femme, je lui dirai : entendez-vous, belle indifférente.

SCENE XVI.

Mad. LEGRAS.

Eh bien ! sacrifiez donc de jeunes et aimables personnes à des animaux de cette espèce; et si le sacrifice se fait, s'il en arrive malheur, accusez donc la pauvre et innocente victime : voilà pourtant ce qui se voit tous les jours. Oh ! que je la plains, celle qui doit s'unir pour la vie avec un pareil être ! Dieu veuille que quelque coup imprévu détourne cette union, dont il ne résulte qu'infortune et disgrace pour une jeune et intéressante fille. Allons, voir si tout est dans l'ordre, dans mon maudit état je n'ai pas un moment de repos ; mais j'ai du moins la satisfaction de voir que tout le monde est content, et cela me dédommage de la peine que je me donne. (*en se retournant.*) Ah ! ah ! je ne vois plus mon sourd, il aura été sans doute à l'écurie, tenir compagnie à son cheval. Allons à nos affaires.

Fin du premier Acte.

ACTE II.

SCENE PREMIERE.

DORBE, *à table*, PETRONILLE, *derrière lui.*

DORBE, *lisant son agenda.*

A Marseille, soixante mille francs, c'est de l'argent sûr. A Bordeaux, cent cinquante mille livres, il y aura quelque embarras pour l'entier remboursement; mais je suis humain d'une part, et de l'autre, j'ai le tems d'attendre.

COMÉDIE.

PÉTRONILLE.

C'est un homme comme il en faut, à ce qu'il me paroit ; il est peut-être de la compagnie de ces messieurs. Allons chercher madame ; justement la voici.

SCÈNE II.

DORBE, PÉTRONILLE, Mad. LEGRAS.

Mad. LEGRAS.

Eh bien ! tout est-il prêt ? Que fait cet homme-là ?

PÉTRONILLE.

Chut ! madame, ne dites rien. Écoutons.

Mad. LEGRAS.

Je n'ai garde de lui parler, il est sourd à faire peur.

PÉTRONILLE.

Eh donc ? il est sourd ce pauvre homme ? ah bien ! être si riche, et être sourd ; c'est triste ça, madame ?

Mad. LEGRAS.

Riche ? d'où le sais-tu ?

PÉTRONILLE.

Tout-à-l'heure il parloit de cent mille livres, comme nous autres nous parlons d'un petit écu, et cela en causant avec son porte-feuille : ah ! le voilà qui le referme.

DORBE.

La fille ?

PÉTRONILLE.

Vous voyez bien, madame, qu'il crie comme un sourd ; lui répondre est inutile. *(Elle se met devant lui.)*

DORBE.

Une plume, de l'encre et du papier.

PÉTRONILLE.

Vous voulez écrire ?

DORBE.

Ah ! c'est vrai, je ne t'ai encore rien donné, tu fais bien de m'en faire ressouvenir, parce que j'ai des distractions parfois, et cela fait que....

PÉTRONILLE.

Tenez, voyez madame, ah bien ! qu'il vienne souvent

des sourds qui aient de pareilles distractions ; je ne suis pas intéressée, mais je les servirai de tout mon cœur.

Mad. LEGRAS.

Il est étonnant cet homme. Mais, écoute donc, Pétronille, il ne peut pas rester là, décemment ; ces messieurs et ces dames qui ont commandé un repas à part, tout cela....

PETRONILLE.

Eh! madame, que vous importe? allez vous reposer, que vous en avez besoin, et laissez-moi tout le soin de cette affaire.

DORBE.

On soupe tard ici, à ce qu'il me paroît ? Il faut que je parte demain à la pointe du jour : j'ai faim, j'ai soif et sommeil. La fille ? comment, déjà partie! *(en se retournant.)* la fille... eh bien, mon enfant, quand mange-t-on dans ce pays-ci ?

PETRONILLE.

Tout aro moussu, din l'instant.

DORBE.

Eh! non, ce n'est pas cela que je te demande, je sais bien que tu es gentille ; mais moi, j'ai faim, ainsi je te prie de faire servir ?

Mad. LEGRAS.

Eh bien, ma fille, tu dois être contente, on te fait des complimens.

PETRONILLE.

Soit dit sans vanité, cela m'arrive assez souvent. Mais voici notre monde, que vont-ils dire, quand ils le verront là ?

SCÈNE III.

JOSEPHINE, DANIERES, ISIDORE, DORBE, PETRONILLE, DOLIBAN, Mad. LEGRAS.

DANIERES.

Oui, mesdames, c'est ici la salle à manger, c'est là que nous allons manger.

COMÉDIE.

JOSEPHINE et ISIDORE.

Dieux !

DANIERES.

Qu'est-ce que vous avez donc, vous autres ?

DOLIBAN.

Quel est donc ce monsieur qui est là fort tranquille à feuilleter son *agenda*, et qui ne s'apperçoit seulement pas que nous sommes ici ?

Mad. LEGRAS.

C'est un homme singulier, voilà tout ce que je peux vous en dire ; je m'en suis amusée, amusez-vous-en à votre tour ; je vous laisse avec lui, tirez-vous-en comme vous pourrez.

DANIERES.

Ce sera bientôt fait. (*Il se met derrière lui et lui frappe sur l'épaule.*) Monsieur, ce n'est pas ici une table d'hôte, il faut que vous alliez manger ailleurs.

DORBE.

Non monsieur, quelque politesse qu'on me fasse, je n'accepte jamais la place d'honneur ; je suis fort bien ici, et j'y reste.

DANIERES.

Tiens Ah ben, il s'agit bien de place d'honneur ou de déshonneur. Il n'y a pas de couvert ici pour vous, ainsi allez vous-en.

DORBE.

Monsieur, vous me comblez par tant d'honnêteté ; croyez que j'en sens tout le prix, mais je ne quitterai point la place, c'est la seule qui me convienne avec d'aimables étrangers comme vous.

DANIERES.

Eh mais ! qu'est-ce qu'il dit donc, beau-père, moi je n'y comprends rien du tout.

DOLIBAN.

Rien n'est pourtant plus facile à comprendre, c'est que ce monsieur, homme aimable d'ailleurs, a le malheur d'être sourd.

DANIERES.

Oh ! que ne disiez-vous donc tout de suite, j'ai la voix forte, et je lui aurai bientôt fait entendre raison, (*criant.*) Monsieur, il n'y a pas de couvert ici pour vous, ainsi allez-vous-en, allons ërer. que ça commence à m'ennuyer.

DORBE.

Allons, monsieur, puisque vous le voulez absolument, je vais me mettre entre ces deux dames, si elles veulent bien y consentir. *(Dorbe se place au milieu des dames et prend son couvert.)*

DANIERES.

Ah ça, voulez-vous bien laisser mon couvert là *(Dorbe prend sa serviette, Daniere le voit et lui dit)* Prenez tout *(Il lui passe tout le couvert et dit avec humeur.)* Et moi, dans tout ça, moi, moi....

ISIDORE.

Mais, monsieur, si vous ne finissez, nous ne souperons pas d'aujourd'hui; cet homme est sourd, mais il a l'air noble et distingué, il n'entendra pas ce que nous dirons, ainsi faites monter un couvert et mettez-vous là. *(Pendant ce monologue, il veut dire à Isidore que ce couvert avoit été mis pour lui, et lorsque Doliban reprend la parole, il s'en va au bureau, et chiffonne une feuille de papier avec des mouvemens de colère.*

DOLIBAN.

Mademoiselle a raison. Monsieur se croit dans une auberge à table d'hôte; il est privé du bonheur d'entendre, ainsi laissons-le tranquille, et n'ajoutons pas à son infortune.

DANIERES.

Mais, monsieur Doliban, c'est, que c'est toujours très.....
Pétronille. Très-désagreable.... un couvert.

DORBE.

La place d'honneur à moi, qui n'ai pas celui d'être connu, c'est une faveur que l'on rencontre rarement en voyage, et surtout si gracieusement accordée ; je m'en souviendrai, monsieur, je vous assure.

DANIERES.

Il n'y a pas de quoi, monsieur ; mais attendez-moi donc, vous mangez tout, je n'aurai plus rien. Pétronille, il ne se gêne pas, il prend la meilleure place, il se met au milieu de ces deux dames, il s'invite tout seul. .. ah ça, mais je dis, mainzelle Petronille, voulez-vous bien venir aujourd'hui, voyons?

PETRONILLE.

Eh bien! qu'est ce qu'il vous faut, vous criez comme si le feu étoit à la maison.

COMÉDIE.

DANIERES.

Parbleu, tu le vois bien, un couvert, puisque ce damné sourd s'est emparé de ma place.

DORBE.

Voici une des meilleures auberges que j'aie rencontrées ma vie.

DANIERES.

Et pas chère à ce que vous croyez, mais vous verrez, vous verrez.

DORBE.

Et la société, surtout, oh! ses politesses sont d'une délicatesse!

PETRONILLE.

Ah! ah! ah! ah! ah!

DANIERES.

Eh bien! mamzelle, qu'est-ce que vous avez à rire, je n'aime pas qu'on me rie au nez.

PETRONILLE.

Ah! monsieur, je vous demande bien pardon, mais je ris de voir qu'un sourd l'entend mieux que vous qui avez pourtant deux fières oreilles. Allons, monsieur Danières, mettez-vous là et mangez bien, puisque c'est vous qui payez si généreusement.

DANIERES.

C'est moi qui paye, tu as bien trouvé ça toi, c'est moi qui paye pour ce monsieur, pour ces deux dames, et puis pour moi, mais pour le sourd t'entens ben qu'il reste, puisqu'on ne veut pas le faire déguerpir, mais il paiera son écot, je n'irai pas payer pour un homme que je n'ai jamais vu.

DOLIBAN.

Comment voulez-vous qu'un homme honnête ne paie pas dans une auberge la dépense qu'il y fait?

DORBE.

Voilà d'excellentes perdrix, mesdames, si j'osois.

ISIDORE.

Comme il découpe avec grace, monsieur Danières, il est aimable au moins ce sourd-là.

DANIERES.

Qu'est ce que cela me fait à moi, sans lui nous aurions parlé de nos affaires avec vous et le papa, au lieu qu'à present nous ne pouvons pas.

DOLIBAN.
Qui vous en empêche, puisqu'il est sourd?
DANIERES.
C'est un étranger, je n'irai pas parler devant un étranger.
DOLIBAN.
Il ne vous entendra pas. Tenez, il ne prend pas garde à nous; il mange....
DANIERES.
Il mange à faire trembler, il paiera double.
JOSEPHINE.
Mais vous qui parlez, vous ne mangez pas, mon père.
DOLIBAN.
Je m'amuse de l'appétit de ce monsieur, il dévore et tout en vous regardant l'une et l'autre avec des yeux de feu, il me paroît qu'il n'est pas ennemi des dames.
ISIDORE.
Qui peut l'être, monsieur?
DANIERES.
Oh! oui, c'est un charmant convive, il boit tout, mange tout, ne dit rien, n'entend rien. Oh! c'est charmant!
JOSEPHINE.
Eh, bien, il ne dira rien, et c'est un grand avantage, car dans vos repas, messieurs, vous vous émancipez devant des gens que vous croyez sourds et qui, pour votre malheur, ne le sont pas toujours.
DORBE.
Pardon, si je vous interromps, mademoiselle; ne disiez-vous pas que nous voilà à la fin des beaux jours Non pas, dans ce pays où je m'apperçois qu'ils recommencent, aussi on me l'avoit bien dit, c'est un climat superbe.
ISIDORE.
Il faut que je m'amuse à faire la conversation avec lui.
DANIERES.
Oui, une belle conversation à bâtons rompus, vous lui parlerez blanc, il vous répondra.... caca dauphin.
ISIDORE.
Il se fait plus d'une conversation comme cela, entre gens qui ne sont pas sourds.

COMEDIE.

JOSEPHINE.

Pourquoi s'amuser de l'infirmité de ce monsieur ? n'est-il pas assez à plaindre ?

DOLIBAN.

Ma fille a raison. Ma belle demoiselle, tous les malheureux ont droit à notre compassion.

ISIDORE.

Le grand mal de le questionner et de rire de ses réponses, qui probablement seront singulières ? (*Ici, Danières examine une aile de perdrix, il veut la prendre, Dorbe le gagne de vitesse et s'en empare ; ceci doit se faire pendant qu'Isidore parle à Doliban, afin que la scène ne languisse pas.*)

DANIERES.

Là ! là. Il prend justement le morceau que je voulois, passe pour sourd ; mais il n'est pas aveugle au moins, cet homme.

DOLIBAN.

Eh bien ! il y a de quoi manger sur la table, il y a autre chose.

DANIERES.

Autre chose ! autre chose !

ISIDORE.

Voilà bien du bruit pour une aile de perdrix ?

DANIERES.

Je ne mange que ça de la bête, moi, là.

ISIDORE.

Prenez une cuisse.

DANIERES.

Je ne veux pas de votre cuisse. (*Il s'en va au coin du théâtre.*) Comme c'est agréable, c'est moi qui paie encore.

ISIDORE.

Ah ! ça, je m'en vais crier bien haut : monsieur, est-ce de naissance, ou par accident, que vous avez cette fâcheuse infirmité ?

DORBE.

Non, mademoiselle, je suis venu ici pour affaire.

DANIERES.

Oui, c'est cela.

DORBE.

Et pour une affaire même très-sérieuse.

DANIERES.
Oui, pour venir manger notre souper.
ISIDORE.
Vous voudrez bien nous la dire, j'espère ?
DORBE.
Mon père ? non mademoiselle, c'est un oncle que j'ai dans ce pays-ci, et qui veut marier ma cousine à une espèce d'imbécille, et contre son gré, comme de raison ; mais, mon oncle est bon, et dès demain, je vais tâcher d'arranger les choses, de manière à ce que ma cousine échappe à ce malheur que je crois le plus grand de tous, en vérité.
DANIERES.
Ah ! pour cette fois-ci, il a raison, beau-père, c'est vilain de marier cette demoiselle comme ça, sans qu'elle le veuille bien ; vive les unions assorties, comme celle de votre fille et de moi, par exemple ; quand nous serons mariés, nous allons faire le plus gentil ménage : elle sera contente, elle sera heureuse ; je n'ai pourtant pas soupé. (*Il revient à la table en riant.*)
DORBE.
Mais c'est vrai, monsieur, il ne faut pas rire de ce que je dis.
DANIERES.
Je ne ris pas du tout de ce que vous dites.
DORBE.
Ma cousine est charmante : son prétendu est un sot ; s'il fait le méchant, s'il ne se retire pas de bonne grace, je lui coupe les oreilles, c'est sûr ; je n'aime pas qu'on gêne les inclinations des dames, ma cousine en a une, elle aime un jeune homme qui a beaucoup de mérite, et le galant du pont d'Avignon sautera dans le Rhône, s'il ne prend son parti en brave.
DANIERES.
La peste, monsieur, comme vous y allez, comme vous coupez les oreilles ?
DORBE.
A vous, monsieur ?
DANIERES.
Hem ?

COMÉDIE.

DORBE.
De tout mon cœur, j'ai l'honneur de boire à votre santé.

DANIERES.
Couper les oreilles à un homme, ça le change?

JOSEPHINE.
Mais nous avons soupé, je crois, si nous allions nous reposer?

DORBE.
Comment, nous avons déjà soupé?

DANIERES.
Oui, lui a soupé, mais moi, je n'ai presque rien mangé. (*Après un moment de réflexion*) Pétronille.

PETRONILLE.
Monsieur?

DANIERES.
La carte. Ah! chien de sourd, tu vas le payer ton souper.

DORBE.
Ceci s'appelle le quart-d'heure de Rabelais.

DANIERES.
Il n'y a pas de rabais.

DORBE.
Il faut délier les cordons de la bourse.

DANIERES.
Tu feras bien de les délier, je ne les délierai pas pour toi.

DORBE.
Quarante-cinq sous par tête : voilà mes quarante-cinq sous, je donnerai à part à la fille.

DANIERES.
Qu'est-ce que vous dites, monsieur, avec vos quarante-cinq sous? c'est six francs qu'il faut, entendez-vous, c'est six francs (*il tire six francs de sa bourse.*)

DORBE.
Comment, monsieur, qu'est-ce que cela veut dire?

DANIERES.
Cela veut dire que c'est six francs.

DORBE.
Après tous les bons procédés dont vous m'avez honoré, vous voulez encore payer pour moi?

DANIERES.

Laissez donc, laissez donc; ah! bon oui, payer pour vous, il faudra bien que vous donniez vos six francs comme les autres.

SCENE IV.

JOSEPHINE, ISIDORE, DOLIBAN, DORBE, Mad. LEGRAS, DANIERES, PETRONILLE.

PETRONILLE.

Monsieur, madame me suit, elle vous apporte la carte.

DANIERES.

Ah! bon, arrivez donc, madame Legras, et voyons à faire payer ce damné sourd, sur le pied de notre arrangement, six francs par tête, n'est-ce pas?

Mad. LEGRAS.

Sans doute, six francs par tête; voilà le compte, trente francs pour cinq.

DANIERES.

Oui, oui. Mais c'est que ce monsieur le sourd ne veut payer que quarante-cinq sous; et en vérité, madame Legras, vous devez me croire, il a bien mangé pour dix-huit francs à lui tout seul.

ISIDORE.

Il est vrai qu'il avoit bon appétit. Voyons comment cela finira.

DORBE.

Madame, peu satisfait de tous ses égards, de toutes ses attentions, monsieur veut encore payer pour moi....

DANIERES.

Oh! si j'ai dit ça *(il parle bas à madame Legras, et fait des gestes.)*

DORBE.

Comme si j'avois besoin de quarante-cinq sous pour payer mon écot; en vérité, c'est la première fois qu'on me fait éprouver une pareille humiliation, trop d'honnêteté devient quelquefois un outrage, monsieur.

COMÉDIE.

DANIERES.

Mais, monsieur....

JOSEPHINE.

Mais quand vous crierez, il ne vous entendra pas davantage.

DANIERES.

Quand je vous dis, monsieur, que les six francs qu'il faut que vous donniez, c'est pour la part de votre soupé, parce que je ne veux pas payer pour vous?

DORBE.

Voudriez-vous bien me faire l'amitié de répéter, je n'ai pas eu le plaisir de vous entendre?

DANIERES.

Ah! que je fais de mauvais sang! que je fais de mauvais sang!

ISIDORE.

Voilà de l'encre et du papier, écrivez-lui.

Mad. LEGRAS.

Sans doute, mademoiselle a raison, c'est le plus court.

DANIERES.

Que je lui écrive? reste à savoir s'il saura lire à présent, cet homme.

JOSEPHINE.

Commençons par voir si vous savez écrire?

DANIERES.

Si je sais écrire, moi, mademoiselle? ah! bien, demandez dans la ville, mes billets doux, vous verrez le style et la peinture, les traits à main levée, ah! ah! ah! ah! (*Il fait le geste des traits*).

TOUS.

L'imbécile! la bête!

DANIERES.

Ah! Pétronille, tu monteras dans ma chambre, de l'encre, du papier, une bonne plume et deux chandelles, parce que je veux écrire à mes parens, pour les prévenir de l'arrivée de ma femme, afin qu'ils viennent à ma nôce?

DORBE.

Tiens, la fille, puisqu'on ne veut pas de mon argent, prends-le, je te le donne; je suis généreux aussi, moi, il n'y a pas que monsieur......

DANIÈRES.
Il n'y a pas que, il n'y a pas que.... Attendez un moment, je suis à vous. (*Il se lève, et va à Dorbe qui a l'air de parler à Joséphine*). Tenez, monsieur, puisque vous n'entendez pas, il faut bien vous écrire.
DORBE.
Qu'est-ce que c'est que cela, monsieur?
DANIÈRES.
Il faut que vous lisiez ça, vous, monsieur?
DORBE.
Ah! « Monsieur le Sourd », comment monsieur le sourd?
DANIÈRES.
Non, je dis, il ne l'est peut-être pas, il n'entendroit pas le canon, et il dit qu'il n'est pas sourd.
DORBE.
Oui, j'en conviens, c'est le canon qui, dans la dernière bataille, m'a rendu cette oreille un peu dure; mais, du reste, mesdames, je crois avoir répondu à peu-près juste à toutes les intentions de monsieur et de la société?
ISIDORE.
Oui, à peu-près. Il est charmant.
DORBE.
Et puis, est-ce qu'on écrit monsieur le sourd?
DANIÈRES.
Il ne finira pas, en voilà jusqu'à demain?
DORBE.
Si j'avois, par exemple, à écrire à un butor, monsieur, est-ce que je lui écrirois monsieur le butor, vous qui êtes bien élevé?
DANIÈRES.
Lisez donc, lisez donc.
DORBE.
Allons, monsieur le sourd, puisque sourd il y a.
DANIÈRES.
Si vous vous voulez bien.
DORBE.
« Il est bon que vous sachiez que vous n'êtes point ici « à table d'hôte. » Ah! mesdames, je vous demande un million de pardon, je l'ignorois, en vérité. (*Dorbe salue tout le monde.*)

COMÉDIE.

DANIERES.

C'est bien heureux, vous le savez à présent ; si j'avois su, je l'aurois écrit avant soupé.

DORBE.

« A table d'hôte, qu'il m'en coûte six francs par tête « pour un repas de quatre personnes, et qu'il faut que vous « ayez la bonté de donner vos six francs ? » Cela me paroît naturel.

DANIERES.

En ce cas-là, payez.

DORBE.

Mais, monsieur, que ne parliez-vous ? je ne vois pas la nécessité....

DANIERES.

Ah ! ben oui, vous parler, crier donc ; car vous parler ou à un mur, c'est tout un. (*Il rit*).

DORBE.

Dites-moi donc, monsieur, qu'est-ce qui vous a enseigné à écrire ?

DANIERES.

Vous vous moquez de moi, je crois ; ça ne vous regarde pas ; payez, voilà tout.

DORBE.

C'est donc six francs ?

DANIERES.

Oui, c'est six francs.

DORBE.

La fille, prends cette monnoie.

PETRONILLE.

Puisque monsieur l'ordonne ?

DORBE.

Oui, mon enfant, je te la donne.

PETRONILLE.

Il y a des momens où l'on croiroit qu'il entend ?

Mad. LEGRAS.

Eh ! non, ma fille ; la dernière syllabe qui le frappe, il répond après sans répondre.

DORBE.

Madame, quoiqu'il soit d'usage de ne payer que quand on s'en va, je vais payer ce soir, et j'espère que monsieur en fera autant.

DANIERES.
Ça ne vous regarde pas, payez toujours.
DORBE.
Nous sommes cinq, à six francs, trente francs. Voilà ma part : maintenant, monsieur, faites les honneurs à qui vous voudrez; quant à moi me voilà quitte.
DANIERES.
C'est à merveille, il a payé, et encore quarante-cinq sols pour toi, friponne.
PETRONILLE.
Tout le monde ne vous ressemble pas, monsieur; vous avez une oreille dont vous êtes plus sourd que ce monsieur des deux siennes. Allons, voyons, payez, dépêchez-vous, qu'il se fait tard, et que madame, ainsi que toute la compagnie, aille se reposer.
DANIERES.
Allons nous reposer, beau-père, allons.
DOLIBAN.
Allons, monsieur, faites la chose de bonne grace, ne vous faites pas tirer l'oreille.
DANIERES.
Je ne veux pas qu'on me tire les oreilles.
DOLIBAN.
Vous avez forcé ce monsieur à payer, faites-en autant, ou je vais payer moi-même.
DANIERES.
Non, papa, je ne vous ai pas invité pour payer; cela est bien différent, madame Legras me connoit, et je l'aurois payée demain.
Mad. LEGRAS.
Qu'est-ce que cela fait, puisque monsieur a payé ?
DANIERES.
Cela ne fait rien, mais c'est tres-malhonnête, et je ne reviendrai plus ici; allons, voyons, madame : (*Madame Legras tend la main, Danières voit l'écu de Dorbe, qu'il veut faire passer pour un des siens, et en en mettant un autre il dit.*) deux, trois et quatre.
Mad. LEGRAS.
Monsieur, ce n'est pas là mon compte.
DANIERES.

COMÉDIE.

DANIÈRES.

Comment, madame, ce n'est pas là votre compte, est-ce qu'il n'y a pas là quatre écus?

Mad. LEGRAS.

Oui, mais le premier est l'écu de monsieur.

DANIÈRES.

Pourquoi n'avez-vous pas mis l'écu de monsieur, dans votre poche?

Mad. LEGRAS.

Qu'est-ce que cela fait?

DANIÈRES.

Cela fait, que cela donne des éblouissemens; j'ai cru vous en avoir donné quatre.

Mad. LEGRAS.

Eh bien! vous vous êtes trompé, le voilà. (*Elle le met dans sa poche.*)

DANIÈRES.

Tenez, madame, voilà qui fait quatre. (*Il tort sa bourse.*) Il n'y a plus personne. Ah! Pétronille, va-t-en préparer ma chambre; je tombe d'ennui. (*Il compte sur ses doigts.*) Il ne faudroit pas que cela arrivât tous les jours.

Mad. LEGRAS.

Trouvez bon, mesdames et monsieur, que je vous donne le bon soir, je me meurs de fatigue; s'il vous fait besoin de quelque chose, vous avez des sonnettes à la tête de vos lits, vous sonnerez, et Pétronille viendra sur-le-champ. Bonne nuit; je vous souhaite. (*Elle sort.*)

DOLIBAN.

Allons, ma fille, allons nous reposer. Monsieur Danières, venez-vous reconduire ces dames?

DANIÈRES.

Ma foi non, je n'ai pas soupé, moi; je m'en vais manger une croute, boire un ou deux coups; puis, j'irai me coucher, ma chambre est là; ainsi, adieu, beau-père, bon appétit, dormez bien; j'ai l'honneur de boire à votre santé, bien enchanté d'avoir fait celui de votre connoissance. (*Comme Danières fait ses adieux aux dames, Dorbe salue tout le monde, et a l'air de sortir; mais quand tout le monde est* retiré, et que Danières est à table, Dorbe monte l'escalier très-vite, et parle à Pétronille qui a l'air de bassiner son lit. Pétronille monte au commencement de la tirade.)

SCENE V.

DANIERES, à table, DORBE, PÉTRONILLE, dans la chambre.

DORBE.

Tu te donnes une peine inutile, mon enfant; jamais je ne fais bassiner mon lit.

PÉTRONILLE.

Aussi ce n'est pas le vôtre que je bassine.

DORBE.

Je dormirai bien sans cela; on prétend que cela délasse, point du tout; la chaleur naturelle, mon enfant, la chaleur naturelle...

PÉTRONILLE.

Qu'est-ce qu'il veut donc dire avec sa chaleur naturelle?

DORBE.

Voilà un aimable enfant; quelles complaisances elle a eues pour moi; aussi, je ne sortirai pas d'ici sans lui donner des preuves de ma reconnoissance.

PÉTRONILLE.

J'en ai déjà quelqu'unes; (à part.) il est tout aimable, en vérité; mais, il ne peut rester dans cette chambre, un lit n'est pas comme une place à table, et je n'ai d'autre parti à prendre, que d'aller prévenir monsieur Danières; il a tant d'esprit qu'il saura bien se tirer de là. (Elle descend.)

DORBE.

Comment, tu t'en vas? (il ferme la porte.) A présent, me voilà chez moi. (Ici, Danières se lève et prend une pièce de volaille, et la mange en dansant et chantant une chanson ou ariette quelconque, qu'il défigure par la manière dont il la chante; il va se remettre à table, Pétronille entre.)

PÉTRONILLE.

Monsieur, tandis que vous vous amusez ici à regagner un peu de votre argent.

COMÉDIE.

DANIERES.

C'est bon, ça ne vous regarde pas.

PÉTRONILLE.

Vous avez raison; mais je viens vous prévenir que monsieur le Sourd s'est emparé de votre chambre, et qu'il est peut-être déjà dans votre lit; chantez, dansez maintenant.

DANIERES.

Comment diable! mais est-ce donc un enragé que ce sourd-là. *(Il a la bouche pleine à ne pas pouvoir parler.)* Tu n'as qu'à venir avec moi, tu verras comme je l'aurai bientôt fait sauter. *(Il monte l'escalier en secouant ses bras, et frappe, il écoute, et voyant qu'on ne lui répond pas, il refrappe encore plus fort, et dit)* : il ne s'agit pas de ça, monsieur, il me faut ma chambre.

DORBE.

Comme on est tranquille dans cette maison; on entendroit une mouche voler, j'aime cela la nuit, parce qu'enfin, le repos, le sommeil, le calme, ah! *(il baille.)*

DANIERES.

Qu'est-ce qu'il dit donc? qu'est-ce qu'il dit donc?

PÉTRONILLE.

Il s'étend dans votre lit, et se félicite de la tranquillité qu'on trouve dans cette maison.

DANIERES.

Je ne m'embarrasse pas de cela moi, je veux ma chambre, je l'ai payée, ainsi je la veux. *(il frappe.)*

PÉTRONILLE.

Mais, monsieur, ne faites donc pas tant de bruit, vous allez réveiller tout le monde.

DANIERES.

Ça m'est égal; je me soucie bien que les autres dorment tranquilles, quand je n'ai pas de lit. J'enfonce, hem! he..

DORBE.

Diable! mais il me semble que le vent tourmente bien cette porte?

DANIERES.

Est-ce qu'il me prend pour un vent; non, monsieur, ce n'est pas le vent, c'est monsieur Danières.

DORBE.

Il n'y a qu'à mettre cette commode contre. (*Danières frappe.*)

PÉTRONILLE.

Ah! ça, monsieur, finissez votre tintamarre, ou je vais appeler madame.

DANIERES.

Appelle le diable, si tu veux, moi je veux ma chambre. (*Il frappe.*)

PÉTRONILLE.

Eh! madame! madame!

SCENE VI.

JOSÉPHINE, DOLIBAN, ISIDORE, PÉTRONILLE, Mad. LEGRAS, DORBE, DANIERES, *sur l'escalier.*

TOUS.

Eh bien! que veut dire tout ce tapage?

DANIERES.

C'est ce damné sourd qui s'est emparé de ma chambre, il n'y a pas moyen de lui faire entendre raison.

DOLIBAN.

Comment, il s'est emparé de votre chambre?

DANIERES.

Parbleu, vous le voyez bien; mais ça m'est égal, je l'assiége toute la nuit, je l'emporte d'assaut.

JOSÉPHINE.

Son uniforme a dû vous dire qu'il est militaire, il pourra bien soutenir le siége.

ISIDORE.

Et le faire lever, monsieur Danières.

DANIERES.

Sûrement, mam'zelle, que je le ferai lever; ça m'est égal, ça m'est égal.

Mad. LEGRAS.

Cela ne me l'est pas à moi, monsieur; vous effarouchez tous les voyageurs qui sont chez moi; vous allez discré-

COMÉDIE.

diter ma maison : qu'est-ce donc qu'un homme comme vous ; après tout, j'appellerai mon monde, et je vous ferai conduire chez le juge. (*Pendant ce monologue, Danières frappe, et marmotte entre ses dents.*)

PÉTRONILLE.
Certainement, chez le juge ; qu'est-ce que c'est donc qu'un entêté comme cela ?

DANIERES.
Ah ! ça, je dis, mademoiselle Pétronille, ne prenez pas ce ton avec moi ; madame Legras, je ne suis pas fait pour que vos gens me manquent ; puis, d'ailleurs, mam'zelle et madame, c'est qu'il n'y a pas de juge qui, avec du jugement, ne juge qu'il me faille ma chambre ; l'ai-je payée, oui ou non....... ah ! ah ! ah ! ah ! ah ! je ne vous demande que ça.

Mad. LEGRAS,
Tenez, monsieur, voilà votre argent, et, pour Dieu, laissez-nous en paix. (*elle se fouille.*)

DANIERES.
Non, madame. Je ne veux pas de mon argent, je veux ma chambre, je l'ai payée, ainsi je la veux. Je ne coucherai pas dans mon argent peut-être, au lieu que je veux et que je dois coucher dans ma chambre ; j'enfonce.

Mad. LEGRAS.
Petronille, va-t-en me chercher du monde pour mettre à la raison cet homme qui met le désordre dans toute ma maison.

DORBE.
Je suis pourtant bien malheureux.

TOUS.
Il parle, écoutons ce qu'il va dire.

DORBE.
Oui ; c'est je crois, le plus grand malheur que d'être sourd, le jour, cela va assez bien ; le mouvement des lèvres me fait deviner ; et les trois quarts du tems, on ne s'apperçoit pas de mon infirmité, parce que j'ai le tact pour répondre toujours juste.

DANIERES.
Oui, quelle justice.

TOUS.
Mais taisez-vous donc.

DORBE.

Voilà qui est à merveille pour le jour, mais la nuit et dans une auberge encore ; celle-ci est excellente, la maitresse charmante, la société infiniment aimable. Jusqu'à la petite femme-de-chambre, tout est au mieux. Mais sont-ils les seuls dans la maison. Ces diables de chambres d'auberges, cela ne tient pas à un clou. Voyez comme le vent faisoit aller la mienne tout-à-l'heure, heureusement il est apprisé, ils appellent ce vent le *Mistrau*.... N'importe, prenons nos précautions : non je ne mettrai pas la commode contre la porte.. Mais je fais une réflexion : j'ai pour plus de cent mille écus d'effets dans mon porte-feuille et trois cents louis dans ma bourse ; si je m'endors et que l'on vienne me dévaliser, c'est que le tonnerre ne me réveilleroit pas en tombant à mes côtés, c'est bien fâcheux... Eh! bien, ne dormons pas.

DANIERES.

Si tu ne dors pas, rends-moi ma chambre.

DORBE.

Une nuit est bientôt passée.... D'ailleurs, j'ai à écrire à plusieurs personnes.

DANIERES.

Moi aussi, j'ai à écrire.

DORBE.

Je vais me mettre contre cette porte avec mes deux pistolets à deux coups. *(Danières descend la moitié de la rampe.)* Il y a dans chaque canon une balle et deux lingots, c'est pour le premier qui entrera. *(Il descend tout-à-fait et vient sur le devant du théâtre.)* si le premier coup manque, les quatre ne manqueront peut-être pas.

DANIERES.

La peste, comme il y va, comme il y va.

DOLIBAN.

Eh bien ! vous souciez-vous toujours de prendre votre chambre d'assaut.

DANIERES.

Non... non, de par tous les diables, c'est un sourd, ça n'entend ni rime, ni raison, c'est qu'il le seroit comme il le dit.

JOSEPHINE.

J'en ai peur.

DOLIBAN.

Je le crois.

COMÉDIE.

DANIERES.

Mais moi, c'est plus fort, c'est que j'en suis sûr. Ah ça, mais où est-ce que je vais me coucher, car enfin il faut bien que je me couche quelque part; ah, madame Legras ; vous riez, bon.(*Il la caresse.*)

Mad. LEGRAS.

Eh bien! choisissez dans la salle à manger, sur un fauteuil, ou bien dans la cuisine, sous le manteau de la cheminée.

DANIERES.

Sous le manteau de la cheminée, voilà de beaux draps que vous m'offrez là, c'est le chat qui couche là, madame.... Ah, Pétronille, prête-moi ton lit pour cette nuit.

PÉTRONILLE.

Ah! monsieur, je n'y coucherois plus.

DANIERES.

Eh! pourquoi donc ça, mamzelle?

PÉTRONILLE.

Dans la peur des rêves.

DANIERES.

Tu ne serois pas la première que j'aurois fait rêver. C'est que je suis connu pour un luron; voyez comme c'est désagréable, il faudra que je me couche, je ne sais où.

DOLIBAN.

Il faut pourtant prendre un parti, à quoi vous décidez-vous?

DANIERES.

Sûrement, faut que je prenne mon parti. Allons, madame Legras, je me décide pour la salle à manger, là, sur le grand fauteuil.(*à Pétronille qui veut lever le couvert.*); Pétronille n'ôtez donc rien ; si je me réveille, je serai bien aise de manger un morceau, et puis j'ai payé, pas vrai, madame Legras?

Mad. LEGRAS.

Oui, monsieur, vous avez bien payé.

DANIERES.

Eh bien! c'est à moi de souper, tout ça est à moi. (*il regarde la table.*)

JOSÉPHINE.

Allons, mon père, rentrons chez nous ; bonne nuit, monsieur Danières. Ah! Pétronille, mon enfant, puisque te voilà, le café demain de bonne heure.

LE SOURD,

DANIERES.
Oui, j'en prendrai moi.

PÉTRONILLE.
Je vous en ferai.

DOLIBAN.
Bonne nuit, dormez bien, mon gendre.

DANIERES.
Oui, je vous la souhaite bonne et heureuse. Il se moque de moi, mon beau-père.

Mad. LEGRAS.
Pétronille, enferme-le à double tour, et allons-nous coucher, ah! mon dieu, le sot homme.

PÉTRONILLE.
Avès ben reson, madamo, es uno fiero besti.

SCÈNE III.

DORBE, *dans la chambre*, **DANIERES**, *à table*.

DORBE.
Je crois que la tempête est tout-à-fait calme, songeons à nos affaires, écrivons. (*Il tire les rideaux de la fenêtre, Danières va prendre le fauteuil qui est dans le fond et l'apporte contre le bureau. Après l'avoir posé, il s'assied dedans et voit Dorbe qui tire le rideau.*)

DANIÈRES.
Oui, oui, tire donc ton rideau, tire donc ton rideau; ce n'est pas ton rideau que tu tires, c'est le mien; tu es ben heureux d'avoir eu des pistolets. Je t'aurois fait voir comme je suis vif. (*Il cherche à se mettre à son aise.*) Je serai mal ici. (*Il se manie le genou et lève la jambe.*) Moi qui suis sujet à la crampe, encore il faut pourtant que je fasse mon lit! (*Il se lève, et va prendre trois chaises qu'il met un peu écartées les unes des autres; il essaie à se coucher et se jette le cul par terre. Il se relève en regardant si personne ne l'a vu, et dit:*) Il y aura des creux dans le lit. (*Il rêve comme il le rangera autrement; et, après un moment de réflexion, il met le dossier d'une chaise sur le fauteuil, et les autres chaises sur la première; après il prend des serviettes*

qu'il étend sur les chaises jusque sur le bras du fauteuil qui lui sert d'oreiller, et chante en étendant les serviettes : Ah çà ira, etc. jusqu'à ce que son lit soit fini ; après quoi, il éteint une bougie. Il prend le mouchon avec ses doigts, et le change de main, de manière que l'on croiroit qu'il se brûle, ce qui prête beaucoup à rire, parce qu'il crie beaucoup en se secouant les doigts. Il va pour l'éteindre une seconde fois ; mais par réflexion, il dit : N'y a-t-il personne ici, avant que j'éteigne la lumière : non, je n'éteindrai pas la lumière, je suis bien aise d'y voir clair quand je dors. (Il prend la bougie avec une assiette, et cherche partout s'il n'y a personne de caché ; et lorsqu'il passe sous la fenêtre de Dorbe, il dit :) Adieu, monsieur ! je vous verrai demain ; je vous ferai voir si on prend comme ça la chambre d'un homme, sans lui en demander la permission. (Il continue ses recherches qu'il fait en chantant ; et comme il apperçoit une table qui est couverte d'un tapis qui descend jusqu'à terre, il en a peur ; cela lui empêche de chanter, ou tout au moins lui fait baisser le ton et lui donne un tremblement. Après un moment, il prend sur lui de lever le tapis avec l'assiette qu'il a à la main, et lorsqu'il a vu qu'il n'y a rien de caché, il reprend son air en chantant beaucoup plus fort qu'auparavant ; il visite sous son lit, sous le bureau et le fauteuil, et va poser la bougie sur l'assiette un peu éloignée de son lit ; après quoi il prend sa serviette qu'il avoit mise sur le bureau, lorsqu'il est allé pour faire sortir le sourd de sa chambre ; il s'en fait un bonnet de nuit, en disant :) Il faut convenir que je me suis mis là dans une fière colère avec ce maudit sourd. Ce n'est pas du sang qui coule dans mes veines, c'est du salpêtre. Aussi mon père me l'a bien dit ; mon fils Danières, tu ne mourras jamais que d'une colère. Il m'aimoit bien, mon père. Ah ! je l'aimois ben aussi. (Comme il fait son bonnet pendant ce dialogue, il le met sur sa tête, et laisse une de ses boucles hors du bonnet, et cette boucle doit être la gauche.) Il me tarde ben fort d'être au lit ; aye, aye, c'est un peu dur, c'est un peu dur. Quoique çà, d'après ce qui vient de se passer avec ce chien de sourd, je commence à croire que mademoiselle Doliban ne m'aime pas ; elle n'a pas pour moi la tendresse qu'on doit avoir pour un futur époux, et cela fait que je suis fâché de n'avoir pas suivi le conseil qu'on me donnoit dans mon pays. Ils vouloient tous me faire épouser une grande tante que j'avois, qui étoit plus riche. Elle avoit des écus plus gros que moi; mais ce qui m'a empêché de l'épouser, c'est une réflexion que j'ai faite, parce qu'enfin si j'épouse ma tante, je serai donc mon oncle. C'étoit une bien brave femme, ma tante; elle me faisoit des jolis cadeaux, entr'autres un de toute beauté; une robe à grand ramage qu'elle avoit depuis trente ans. Quand j'ai vu cela, je m'en suis fait faire trois parapluies. Qu'est-ce que je dis donc, trois, quatre, parce que j'ai dit, avec cela je serai à couvert pour long-tems. C'est ma sœur qui a eu bien du bonheur; elle est passée en Amérique: elle a épousé un riche colon de l'endroit; ça fait à présent qu'elle est une des premières colonnes du pays; et tout cela a fait que... voilà le sommeil qui me gagne, mon valet-de-chambre peut tirer les rideaux de mon lit. Je vous souhaite bien le bon soir.

La toile se baisse.

ACTE III.

Le théâtre représente un salon; à la droite du spectateur, est un bureau; et vis-à-vis, une table.

SCENE PREMIERE.

PÉTRONILLE, seule.

Voilà le café qui est prêt; quand ces dames voudront descendre, je les ai averties, j'irai le chercher, qu'il repose devant le feu. Je n'ai pourtant pas fermé l'œil de toute la nuit, et ce charmant sourd n'est pas sorti un instant de ma cervelle. C'est, en vérité, grand dommage qu'il ait une pareille absurdité, car du reste, il paroit très-aimable : il a l'air d'un homme qui ne badine pas, et de plus, généreux comme l'or. *(Ici Joséphine et Isidore entrent.)* Voilà le mari qui conviendroit à l'une de ces deux aimables jeunesses que l'on voudroit sacrifier à ce benêt de monsieur Danières. Oui, je le répète, ce benêt ; nous autres pauvres domestiques, nous n'osons pas dire la vérité en face à ceux qui se croient plus que nous, et souvent valent moins : mais quand nous sommes seuls, nous pouvons soulager notre pauvre cœur, et nommer la chose par son nom ; aussi monsieur Danières est un imbécille.

SCÈNE II.
JOSÉPHINE, PÉTRONILLE, ISIDORE.

ISIDORE.
C'est vrai, mon enfant, tu as le coup-d'œil juste.
PÉTRONILLE.
Ah! mesdames, pardon, je suis honteuse, je ne vous croyois pas si près ; comment, déjà levées ?
JOSÉPHINE.
Nous ne nous sommes pas couchées ; nous avons passé la nuit à jaser.
PÉTRONILLE.
Ah! mesdames, voilà le sourd. il vous suit partout, cet aimable original ; mais laissez-moi faire, je m'en vais lui parler et lui dire que...
ISIDORE.
Ne lui dis rien ; s'il est sourd, il n'entendra pas.
PÉTRONILLE.
Oh! je me ferai bien entendre. *(Elle crie.)* Monsieur.

SCÈNE III.
JOSÉPHINE, DORBE, ISIDORE, PÉTRONILLE.

DORBE.
Ne t'époumone plus, ma chère Pétronille, je ne suis plus sourd.
PÉTRONILLE.
Ah! grand Dieu! par quel prodige.

DORBE.

Tout simple, c'est que je ne l'ai jamais été. *(Il embrasse Isidore, et baise la main de Joséphine.)*

PÉTRONILLE.

Ah, ah! l'on se connoit ici, à ce qu'il me paroit.

DORBE.

Oui, mon enfant, voilà ma sœur que je ne saurois trop embrasser; et voici son amie que je ne puis pas traiter aussi familièrement, à mon grand regret.

PÉTRONILLE.

Mais, que vous en mourez d'envie. Ah! monsieur le sourd, vous nous en avez fait de belles hier au soir! Eh! madame, madame.

SCENE IV.

LES MÊMES, Mad. LEGRAS.

Mad. LEGRAS.

Eh bien! que me veux-tu; tu me brises le timpan; quand tu voudrois parler à notre sourd d'hier, tu ne menerois pas plus de bruit.

PETRONILLE.

Ah! le sourd d'hier entend clair et net aujourd'hui, le voilà auprès de ces deux dames, il ne perd pas un mot de ce qu'elles lui disent; l'une est sa sœur et l'autre est...

Mad. LEGRAS.

Excusez, mesdames et monsieur, je vous dérange peut-être.

DORBE.

Nullement, madame; vous arrivez fort à propos pour m'indiquer comment je pourrai faire tenir sur-le-champ cette lettre à son adresse.

Mad. LEGRAS.

» A monsieur, monsieur le Marquis de St-Firmin, petite » place de la comédie, chez Monsieur le comte de saint » Firmin, à Avignon. » Il n'y a qu'un pas d'ici. Pétronille, dis à Joseph de porter cette lettre. *(Pétronille va pour sortir.)*

DORBE.

Et d'amener avec lui la personne à qui elle est adressée,

COMÉDIE.

ensuite, écoute, mon enfant; à ton retour tu remettras celle-ci toi-même à monsieur Danières.

PETRONILLE.
Cela suffit. (*Elle sort.*)

SCENE V.
JOSEPHINE, DORBE, Mad. LEGRAS, ISIDORE.

DORBE.
Quant à vous, madame, après avoir tant abusé de votre complaisance, oserai-je vous demander encore une nouvelle faveur.

Mad. LEGRAS.
Parlez, monsieur.

DORBE.
Seroit-il possible d'avoir le plus beau déjeûné que jamais Avignon ait vu dévorer par de courageux appétits.

Mad. LEGRAS.
Ici, monsieur, je peux me flatter que vous trouverez tous ce qu'il y a de plus satisfaisant, et en voici la raison, c'est que je prends toujours le supérieur et de la première main; de là il arrive que tout se trouve bon, et que si je paie plus cher, au moins je contente mes pratiques.

DORBE.
Tout ce que vous voudrez, madame, je veux mettre cent écus à ce déjeûner; ainsi, arrangez-vous en conséquence.

Mad. LEGRAS.
Cent écus, vous allez être servis dans la minute.

DORBE.
Oui, mais pas avant que je n'avertisse.

Mad. LEGRAS.
Quand vous voudrez, (*à part.*) Cent écus, voilà un délicieux mortel, en honneur, une bénédiction pour ma maison.

SCENE VI.
JOSEPHINE, DORBE, ISIDORE.

ISIDORE.
Ah ça, mon frère, tu es fou avec ton déjeûner.

DORBE.
Non, ma sœur; laisse-moi faire, j'ai mes raisons que tu trouveras bonnes. Enfin, on peut donc vous parler, belle Josephine.

JOSEPHINE.
Oui, mais je suis bien étonnée de tout ce que je vois.

DORBE.
Eh! bien fâchée peut-être?

JOSEPHINE.
Oh! non, je vous revois, et je ne l'espérois presque plus.

ISIDORE.
Ah ça, laissons là, mon frère et ma sœur, (car tu le seras bientôt, j'espère,) laissons, dis-je, le jargon langoureux. Vous vous aimez, cela est dit; vous vous le prouverez, quand il en sera tems. Voyons, Josephine, que t'a dit ton père?

JOSEPHINE.
Deux mots charmans : ma fille, tu ne seras jamais à un Danières, je n'ai que toi et je veux te rendre heureuse; sans cela je ne serois pas digne du doux nom de père.

DORBE.
Le digne et respectable homme!

JOSEPHINE.
Ensuite, je lui ai rappelé que ma tante lui avoit souvent parlé de vous, chevalier.

DORBE.
Cela est vrai, votre tante a pris mes intérêts vivement à cœur, et j'en suis bien reconnoissant.

JOSÉPH'INE.
Ah! voici monsieur de St-Firmin.

SCENE VII.

LES MÊMES, ST.-FIRMIN.

DORBE.
J'espère que tu m'apportes mes vingt-cinq louis.

St.-FIRMIN.
Un moment, laisse-moi présenter, avant tout, mon respectueux hommage aux dames.

COMÉDIE.

ISIDORE.

Par quelle aventure, marquis, n'avez-vous pas accompagné mon frere en ce logis?

St.-FIRMIN.

Par une aventure toute naturelle, belle Isidore, je me suis présenté pour avoir deux lits ici; il n'y en avoit pas, j'ai murmuré violemment contre le sort, car c'étoit ici que j'espérois revoir ce que j'ai de plus cher, ainsi que lui; je retourne lui conter mon désastre, il se monte la tête, et parie vingt-cinq louis qu'il logera ici, lui et son cheval, qu'il soupera avec vous, mesdames, et qu'il aura un lit; j'ai parié contre.

JOSÉPHINE.

Eh bien, monsieur, vous avez perdu.

ISIDORE.

Mais je dis, bien perdu.

St.-FIRMIN.

Sa lettre me le fait entendre, au moins. La voici. » Mon ami, j'ai gagné, viens vite m'embrasser » et me payer, car j'ai besoin d'argent pour aider aux frais » de la nôce avec ma sœur ». Ah! mademoiselle, s'il dit vrai, je gagne bien plus que lui.

DORBE.

Badinage que tout cela, je te donne ma sœur et je prends tes vingt-cinq louis, parce qu'il m'en a coûté horriblement pour les gagner.

St.-FIRMIN.

Comment donc?

DORBE.

Demande à ces dames, il m'a fallu faire semblant, pendant quatre mortelles heures, de ne point les connoître, et de ne point les entendre. Il m'a fallu essuyer de la part d'un brutal, je ne sais combien... (*On entend tousser.*) J'entends, je crois, votre pere, belle Joséphine, nous vous laissons seules avec lui; nous passons dans la chambre voisine, et nous viendrons quand il en sera tems; je vous confie mes intérêts.

JOSÉPHINE.

Ce sont les miens, soyez tranquille.

SCENE VIII.
JOSÉPHINE, DOLIBAN, ISIDORE.
JOSÉPHINE.
Bon jour, mon père; avez-vous goûté cette nuit le repos que mon cœur vous désiroit?
DOLIBAN.
J'ai dormi, mon enfant, comme on dort après avoir fait une bonne action, c'est-à-dire, bien tranquille.
JOSÉPHINE.
En ce cas-là, mon père, vous ne devez avoir que des nuits paisibles; les bonnes actions vous sont si familières.
DOLIBAN.
Je te remercie, mon enfant, dans le fond je ne me crois pas un méchant homme; mais à propos d'actions, savez-vous que j'en allois faire une très-mauvaise.
ISIDORE.
Laquelle donc, monsieur, sans indiscrétion?
DOLIBAN.
Eh! ma belle demoiselle, celle de donner ma fille au plus ridicule de tous les hommes. Non, monsieur Danières est un être qui ne te convient pas, et je te demande pardon d'y avoir pensé seulement.
JOSÉPHINE.
Ah! mon père!
DOLIBAN.
Qu'est-ce, mon enfant, allons, ouvre-moi ton cœur.
ISIDORE.
Elle n'en aura jamais le courage; en deux mots, monsieur, le sourd d'hier est le chevalier Dorbe, mon frère et son amant, qui nous a si bien entendus de là, où il étoit, qu'il accoure pour vous demander grace.

SCENE IX.
JOSEPH, DOLIBAN, DORBE, S. FIRMIN, ISIDORE.
DORBE.
Oui, monsieur, je suis ce prétendu sourd, qu'une gageure bien moins frivole qu'elle n'a l'air de l'être en effet, a conduit dans l'hôtel où nous sommes. En deux mots, monsieur, j'adore

j'adore mademoiselle Joséphine; sa tante me favorisoit dans les vœux que je formois pour m'unir à elle, et nous osions espérer votre consentement, lorsque...

DOLIBAN.
Je sais tout cela, monsieur, mais pourquoi cette surdité?

DORBE.
Pour mieux entendre, monsieur; et pour gagner à mon ami que je vous présente, digne et bon ami à qui je donne en mariage ma sœur, vingt-cinq louis que vous voudrez bien attester, loyalement et légitimement acquis.

DOLIBAN.
Quand je saurai pourquoi et comment.

St.-FIRMIN.
Le chevalier Dorbe a-t-il soupé avec vous, monsieur?

DOLIBAN.
Oui, monsieur.

St.-FIRMIN.
A-t-il couché ici?

DOLIBAN.
Oui, monsieur, oui, monsieur.

St.-FIRMIN.
En ce cas-là, voilà tes vingt-cinq louis, j'ai perdu.

DOLIBAN.
Voilà qui est à merveille; mademoiselle Dorbe probablement ne dépend que de son frère : il l'a donnée à son ami, rien de mieux. Mais ma fille, promise à ce Danières, n'est, pour ainsi dire, plus à ma disposition; un maudit dédit que je paierai pourtant, mais cela fera du bruit, et voilà ce que j'aurois voulu éviter.

DORBE.
De combien donc ce dédit?

DOLIBAN.
Une bagatelle, trente mille francs. Mais je connois ce Danières, c'est un être processif, et moi un procès...

DORBE.
M'accordez-vous la charmante Joséphine.

DOLIBAN.
Monsieur, je crois ne pouvoir mieux faire, puisque vous êtes sûr de son consentement.

JOSÉPHINE.
Jamais il n'auroit eu le mien sans le vôtre.

DORBE.
Jamais il ne l'eût demandé; mademoiselle, maintenant remettez cette affaire-là entre mes mains, et je vous réponds que ce sera lui, Danieres, qui paiera le dédit.

DOLIBAN.
Non, cela ne seroit pas juste, je veux le payer.

DORBE.
Je suis bien de votre avis; mais laissez-moi du moins le

plaisir de lui en faire la peur. *(Danières frappe.)* C'est je crois lui que j'entends faire tout ce bacanal.

DANIERES.

Eh bien ! comment trouvez-vous cette impertinente, qui m'enferme à double tour.

DORBE.

Oui, c'est lui, rentrez, je vous prie, dans cet appartement, et laissez-moi seul un instant avec lui.

DANIERES.

Eh bien ! mam'zelle Pétronille, viendrez-vous m'ouvrir cette maudite porte.

PÉTRONILLE.

J'y cours. *(Elle entre.)* Je vais par la même occasion lui remettre votre lettre.

DORBE.

Non, rends-la-moi ; c'est moi qui dois lui apprendre à la lire ; vas vite le délivrer et amene-le ici.

DANIERES.

Ah çà, mais je dis, mam'zelle Pétronille, *(on entend le bruit d'une serrure.)* Ah ! vous voilà.

SCÈNE X.

DORBE, seul.

Puisqu'en général les sots sont arrogans, et souvent même très-insolens, il faut les punir sans y mettre trop de sévérité, mais assez pour les corriger. Le voici, tenons-nous un moment à l'écart. *(Il sort et prend son épée.)*

SCÈNE XI.

PÉTRONILLE, DANIERES.

DANIERES.

Non. Il falloit me laisser là encore une heure, ne pas vous gêner. *(Pétronille rit.)* Ah ! tu ris, je m'en vais te faire rire. *(Il court après, elle, se sauve.)* Mauvais sujet, je te réponds que je le dirai à madame Legras. *(après un moment de réflexion.)* C'est bien heureux, que l'on veuille bien me tirer de ma maudite cellule, où j'enrageois, depuis que je suis réveillé, contre ce maudit sourd, c'est que j'enrageois comme il n'est pas possible d'enrager. Si ce n'avoit été quelque reste du souper, et quelques bouteilles de vin encore pleines, je crois que j'aurois passé une fort mauvaise nuit. *(Dorbe entre.)* Ah ! chien de sourd, si je te rencontre jamais, tu me le paieras ; je te ferai voir si on se moque d'un homme comme moi, et quand j'ai dit une fois une chose, c'est fini, tu me le paieras. *(en se retournant, il se trouve nez-à-nez avec Dorbe.)*

COMÉDIE.

SCÈNE XII.
DORBE, DANIERES, attez.

DORBE.

Combien, monsieur?

DANIERES.

Le voilà encore, le voilà encore, il veut me rendre fou cet homme, c'est sûr.

DORBE.

Non, monsieur, je veux vous rendre sage, et cela par le moyen d'une correction dont il me paroit que vous avez grand besoin.

DANIERES.

Qu'est-ce-que c'est que vous dites, monsieur? que parlez vous de correction?

DORBE.

Ne criez pas, monsieur, je vous entends parfaitement.

DANIERES.

Ne criez pas, ne criez pas, c'est que je suis un crâne, et je vous le dis, ne vous fiez pas à moi; par ce que je suis connu ici pour une mauvaise tête. *(Dorbe rit.)*

DORBE.

Savez-vous lire, monsieur?

DANIERES.

Tiens, il me demande si je sais lire, et il m'a vu écrire tantôt. Oui, monsieur, que je sais lire et superbement encore.

DORBE.

Eh bien! monsieur, lisez! *(il lui donne la lettre.)*

DANIERES.

Tiens, mais il entend tout seul à présent.

DORBE.

Absolument tout seul. *(Danières ouvre la lettre.)*

DANIERES.

Oh! oh! qu'est ce que c'est qu'une écriture comme ça?

DORBE.

Elle vaut au moins la vôtre, que j'ai eu la complaisance de lire couramment.

DANIERES.

Je ne dis pas ça, je ne dis pas ça. C'est un autre genre d'écriture que la mienne, c'est de la jolie bâtarde moi, au lieu que ce sont des pieds de mouche. Ah! si j'écrivois comme cela, je ne mettrois jamais la main à la plume.

DORBE.

Allons, monsieur, depêchez-vous.

DANIERES.

Allons, je dis, monsieur, voilà plus d'un quart-d'heure

Eh bien ! comment trouvez-vous cette impertinente, qui m'enferme à double tour.

DORBE.

Oui, c'est lui, rentrez, je vous prie, dans cet appartement, et laissez-moi seul un instant avec lui.

DANIERES.

Eh bien ! mam'zelle Pétronille, viendrez-vous m'ouvrir cette maudite porte.

PÉTRONILLE.

J'y cours. (*Elle entre.*) Je vais par la même occasion lui remettre votre lettre.

DORBE.

Non, rends-la-moi ; c'est moi qui dois lui apprendre à la lire ; vas vite le délivrer et amene-le ici.

DANIERES.

Ah çà, mais je dis, mam'zelle Pétronille, (*on entend le bruit d'une serrure.*) Ah! vous voilà.

SCÈNE X.

DORBE, seul.

Puisqu'en général les sots sont arrogans, et souvent même très-insolens, il faut les punir sans y mettre trop de sévérité, mais assez pour les corriger. Le voici, tenons-nous un moment à l'écart. (*Il sort et prend son épée.*)

SCÈNE XI.

PÉTRONILLE, DANIERES.

DANIERES.

Non. Il falloit me laisser là encore une heure, ne pas vous gêner. (*Pétronille rit.*) Ah! tu ris, je m'en vais te faire rire. (*Il court après, elle, se sauve.*) Mauvais sujet, je te réponds que je le dirai à madame Legras. (*après un moment de réflexion.*) C'est bien heureux, que l'on veuille bien me tirer de ma maudite cellule, où j'enrageois, depuis que je suis réveillé, contre ce maudit sourd, c'est que j'enrageois comme il n'est pas possible d'enrager. Si ce n'avoit été quelque reste du souper, et quelques bouteilles de vin encore pleines, je crois que j'aurois passé une fort mauvaise nuit. (*Dorbe entre.*) Ah! chien de sourd, si je te rencontre jamais, tu me le paieras ; je te ferai voir si on se moque d'un homme comme moi, et quand j'ai dit une fois une chose, c'est fini, tu me le paieras. (*en se retournant, il se trouve nez-à-nez avec Dorbe.*)

COMÉDIE.

DANIERES.

Non, monsieur, ni à l'épée, ni au pistolet.

DORBE.

Ecoutez donc, monsieur le crâne, à quoi vous battez-vous donc ?

DANIERES.

A rien du tout, et j'en fais gloire, parce que je ne suis pas de ces féraillleurs qui vous tuent tout le monde pour une mouche ; ce n'est pas là mon genre.

DORBE.

Mais, quand on vous insulte.

DANIERES.

Quand on m'insulte, c'est avec la langue ; eh bien, c'est avec la langue que je me bats.

DORBE.

Mais, quand vous insultez, vous, monsieur ?

DANIERES.

Moi, monsieur!, jamais cela ne m'arrive, je suis doux comme un petit agneau.

DORBE.

C'est-à-dire, que vous avez fait votre coup-d'essai sur moi ?

DANIERES.

Non pas, monsieur, mais comme vous étiez là, et que vous.....

DORBE.

— Eh bien, monsieur, je me trouve très-insulté par vous ; j'ai des témoins de vos insultes, et ils le seront de notre combat : choisissez de l'épée ou des pistolets.

DANIERES.

Mais, monsieur, *(à part.)* il n'étoit pas sourd. Si j'avois su ça. *(haut.)* Est-ce qu'on peut présenter à un homme de se battre pour une bagatelle comme celle-là ?

DORBE.

Une insulte, une bagatelle ; vous n'êtes pas militaire, monsieur le gentilhomme, on le voit bien.

DANIERES.

Non, monsieur, je n'ai pas cet honneur-là ; d'ailleurs, je ne me battrai pas, ni à l'épée, ni au pistolet ; si je voulois me battre, je me battrois, mais je ne me battrai pas.

DORBE.

Eh bien ! monsieur, puisque je ne puis pas tirer de vous la satisfaction qui m'est due, par les armes, il faut au moins que vous me la donniez, en vous avouant coupable de mauvais procédés, devant ceux qui en furent témoins.

DANIERES.

Ah! bien volontiers ; dès que j'ai eu tort, j'en conviendrai devant tout le monde ; je ne vois point de honte à convenir qu'on a eu tort.

DORBE.
Vous avez de la sagesse dans ce moment.
DANIERES.
Comment, c'est que j'en ai beaucoup
DORBE.
Eh bien! il faut tâcher d'en avoir toujours.
DANIERES.
Oui, monsieur, je ferai tout ce que vous me direz, parce que vous m'avez l'air d'un bien brave homme; et les conseils d'un homme comme vous, ne peuvent que prospérer sur un jeune homme comme moi.
DORBE.
C'est fort bien, monsieur, vous allez signer cela.
DANIERES.
Qu'est-ce que cela, monsieur?
DORBE.
Lisez avant, vous le verrez.
DANIERES.
Il faut toujours lire, avec cet homme-là. (*Il lit.*) « Je » soussigné prie monsieur le chevalier Dorbe, capitaine de » dragons, « Ah! monsieur est capitaine de dragons? C'est sûrement un engagement, mais je ne signerai pas. « De » dragons, de recevoir mes excuses, des choses qui ont pu » lui paroitre offensantes, dans ma conduite, avec lui, à » l'hôtel de St.-Omer, à Avignon ». Il faut que je signe cela?
DORBE.
Oui, monsieur.
DANIERES.
Cela ne se peut pas, c'est convenir que je vous demande grace, et certainement, je ne signerai pas un écrit comme celui-là, moi, qui suis connu dans la ville.
DORBE.
Voilà ma réponse.
DANIERES.
Et moi, la mienne.
DORBE.
Et finissons, je vous prie; car, si je vous ennuyois hier, vous me rendez bien le change aujourd'hui, je vous en avertis.
DANIERES.
J'ai signé tout courant.
DORBE.
Un moment, ajoutez que vous consentez à ce que Joséphine Doliban soit mon épouse, et non la vôtre.
DANIERES.
Oh! pour celui-là, non par exemple,

tout est d'accord avec le papa, que madame Legras a reçu des ordres pour le festin.
DORBE.
Allons, monsieur, disputons-la; elle vaut bien la peine que l'on combatte pour elle.
DANIERES.
Quel homme! grand Dieu! il faut toujours se battre. Ne badinez donc pas avec des armes à feu comme cela.
DORBE.
Allons, monsieur, battez-vous, ou signez.
DANIERES.
Je vous la cède; (*Dorbe reporte ses pistolets sur la table.*) et la raison me l'ordonne; car, supposons que je veuille bien me battre, ce que je n'aime pas du tout : de deux choses l'une, ou vous me tuerez, et alors je n'épouserai pas mademoiselle Joséphine Doliban, ça c'est sûr; ou je vous tuerai, et alors il faudra que je m'enfuie; monsieur Doliban ne donnera pas sa fille à un meurtrier, à un misérable tout souillé du sang de son semblable; ainsi, toutes réflexions faites, bah! la! je vous la cède, d'autant plus qu'elle n'a pas l'air de m'aimer très-prodigieusement.
DORBE.
Cela pourroit bien être; mais, ce que j'aime en vous, c'est cette logique supérieure, qui vous a dit si philosophiquement que la prudence valoit mieux que le courage; l'un expose tout, l'autre n'expose rien. Allons, signez que vous renoncez à mademoiselle Joséphine Doliban?
DANIERES.
Je consens aussi, à ce que mademoiselle Joséphine Doliban épouse monsieur le chevalier.... (*Il se retourne.*)
DORBE.
Le chevalier Dorbe. (*Danières écrit et lui donne le papier.*)
DANIERES.
Par ce moyen-là, le père me paiera le dédit de trente mille francs, et c'est tout gain, parce qu'enfin, trente mille francs.....
DORBE.
Comment donc, on vous paiera un dédit? mais vous n'y pensez pas.
DANIERES.
Au contraire, monsieur, c'est que j'y pense beaucoup.
DORBE.
N'est-ce pas vous qui renoncez?
DANIERES.
Oui, monsieur.
DORBE.
Eh! bien, monsieur, c'est à vous à payer le dédit, suivant toutes les lois, et vous le paierez, monsieur Danières.

SCENE XIII.

TOUS LES ACTEURS, *hors* Mad. LEGRAS et PÉTRONILLE.

DOLIBAN.

Non, non, chevalier, je l'en dispense, je suis trop heureux de pouvoir donner ma fille à celui qui la méritoit.

DANIERES.

Ah! ah! vous étiez donc là? vous écoutiez donc? il y a donc de la tricherie dans tout ça?

DOLIBAN.

Non, monsieur, il n'y a que de la raison.

DANIERES.

C'est bon, je vous ferai un procès.

DORBE.

Allons, monsieur, taisez-vous.

DANIERES.

Non, monsieur, je ne me tairai pas.

DORBE.

Taisez-vous, vous dis-je.

DANIERES.

Allons, faudra-t-il payer le dédit?

DOLIBAN.

Non, monsieur, je le paierai.

DANIERES.

Vous le paierez? ah! je suis content.

DORBE.

Et vous voudrez bien assister au repas de nôce qui va se faire dans l'instant.

DANIERES.

Avec bien du plaisir.

DORBE.

Justement, voici Pétronille qui vient nous l'annoncer.

PÉTRONILLE.

Oui, monsieur l'aimable sourd.

DORBE.

Nous y allons dans l'instant.

DANIERES.

Non. Allons y tout de suite, car j'ai passé la nuit sur des chaises, et j'ai bien faim. Ecoutez, je n'ai plus qu'un mot à vous dire.

TOUS.

Qu'est-ce que c'est?

DANIERES.

Puisque mes mariages réussissent si mal, je ferai comme mon pere, je resterai garçon.

FIN.

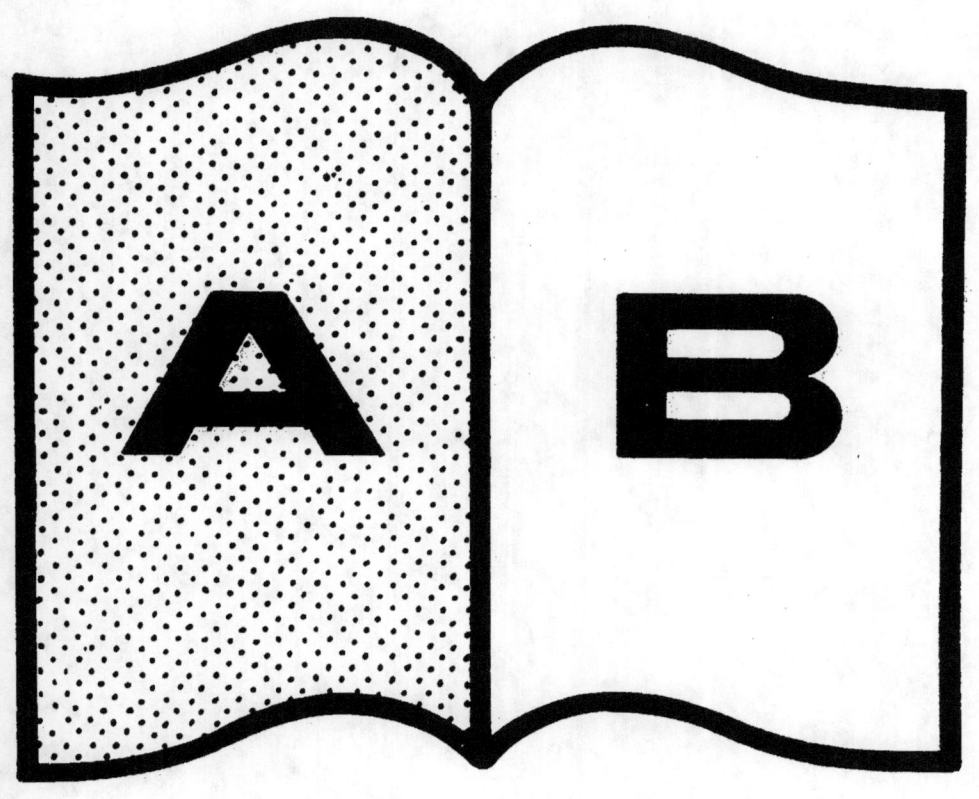

Contraste insuffisant

NF Z 43-120-14